G. Poggenpohl

Waffeln und Crêpes

knusprig, süß oder pikant

G. Poggenpohl

Waffeln und Crêpes

knusprig, süß oder pikant

EDITION XXL

Vorwort

Früher war das Waffeleisen Bestandteil eines jeden Haushaltes. Unsere Großmütter und Mütter haben oft am Nachmittag zum Kaffee oder zum Tee ein paar Waffeln gebacken. Je schnelllebiger unsere Zeit wird, umso weniger Zeit nehmen wir uns dafür.
Aber wollen Sie wirklich auf diese Genüsse verzichten? Waffeln, Hörnchen und Crêpes sind schnell und einfach zubereitet. Ob Gäste kommen oder ob Sie sich einfach für den Nachmittag oder den Abend eine leckere Knabberei zubereiten – Waffeln und Co. sind bei Groß und Klein beliebt.

Einfach den Teig anrühren: Die Grundzutaten Butter, Mehl, Eier und Milch befinden sich in jedem Haushalt. Dann das Waffeleisen oder die Pfanne erhitzen und bald duftet es nach frischen Waffeln, Hörnchen oder Crêpes. Noch warm gegessen sind sie einfach unwiderstehlich. Natürlich können Sie auch pikante Waffeln, Hörnchen oder Crêpes herstellen. Da sind Ihrer Fantasie keine Grenzen gesetzt. Versuchen Sie doch mal Waffeln mit Oliven oder mit Chili.

Süß oder herzhaft, in diesem Buch finden Sie Rezepte für jeden Geschmack. Es sollte in keiner Küche fehlen. So haben Sie immer Ideen für schnelle Köstlichkeiten bei der Hand.

Ihr G. Poggenpohl

Ratgeber Waffeln

Ein Waffeleisen gehört in jeden Haushalt.

Früher war das Waffeleisen Bestandteil eines jeden Haushaltes. In unserer heutigen Zeit ist es etwas aus der Mode gekommen.
Das sollte nicht so sein. Das Waffeleisen ist ein kostengünstiges Haushaltsgerät, mit dem Mann / Frau schnell und einfach lecker süße, aber auch herzhafte Backwaren herstellen kann.
In der Regel dauert es nicht länger als 20 Minuten, bis duftende Waffeln auf dem Tisch stehen.
Sollten Sie Gäste erwarten, bin ich mir nicht so sicher, ob die Waffeln es bis zur Ankunft der Gäste überhaupt schaffen!

Damit sie gelingen

Damit die Waffeln immer gelingen, ist es notwendig, dass alle Zutaten möglichst die gleiche Temperatur haben. Der Teig sollte immer flüssig sein, damit er sich auf dem Waffeleisen gut verteilen lässt. Nehmen Sie immer nur so viel Teig, wie das Waffeleisen fassen kann. Leichte Teige ohne viel Fett backen Sie mit hohen Temperaturen und nur kurz, ca. 2 Minuten. Fetthaltige Teige werden bei mittlerer Temperatur ca. 5 Minuten gebacken.
Wenn Sie die erste Waffel gebacken haben, prüfen Sie, ob die Waffel innen gar ist und ob die Bräunung stimmt.
Bei Verwendung von lauwarmem Wasser werden die Waffeln knusprig, mit Milch oder Sahne werden sie weicher.

Gut Ding braucht Weile

Es ist zu empfehlen, den Teig eine Weile ruhen zu lassen, damit sich die einzelnen Zutaten richtig entfalten können. Sollte der Waffelteig Eischnee enthalten, wird dieser erst nach der Ruhezeit unter den Teig gehoben.

Für dieses Buch habe ich zwei verschiedene Waffeleisen verwendet: ein Waffeleisen für Herzwaffeln und ein Waffeleisen für rechteckige Waffeln, wie sie in den Beneluxländern Verwendung finden. Sie können natürlich alle Waffelteige in allen Waffeleisen verwenden. Herkömmliche Waffeleisen, bei denen die Backflächen aus Aluminium oder verchromt sind, sollten Sie vor dem Backen jeder Waffel großzügig einfetten. Bei den neuen, beschichteten Waffeleisen erübrigt sich dieser Vorgang.

Es gibt zwei Arten von Waffeleisen: die traditionelle Herzform und die viereckige Waffelform (Brüsseler Waffeln). Die Brüsseler Form ist sehr gut für Teige mit groben Zutaten geeignet.

Der Teig für Waffeln darf nicht zu dickflüssig sein, sondern sollte zäh vom Löffel fließen.

Nehmen Sie immer nur so viel Teig, wie Sie für eine Waffel brauchen. Unser Herzwaffeleisen hat einen Durchmesser von 17 cm, dafür nehmen wir ca. 80 ml Teig. Bei dem Brüsseler Waffeleisen nehme ich je Feld ca. 60 ml Teig. Wenn Sie den Teig auf dem Waffeleisen etwas verteilt haben, drücken Sie die Oberseite leicht herunter und warten ca. 2 Minuten, bis Sie nachsehen, wie die Waffel geworden ist.

Mit einem Pfannenwender lassen sich die Waffeln leicht aus dem Eisen nehmen. Sollten die Waffeln sehr weich sein, heben Sie die Waffel vorher mit einem Messer etwas an.

Nach dem Backen der Waffeln sollten diese nebeneinander auf einem Gitter abkühlen.

Waffeltorte

Zutaten:

100 g weiche Butter
150 g Mehl
1 Msp. Backpulver
150 ml Milch, 120 g Zucker
1 Prise Salz, 3 Eier (M)
Öl zum Einfetten
1 Packung Mousse mit Walnuss
200 ml Milch
2 Becher Schlagsahne
1 Packung Mandelblättchen
Puderzucker

Zubereitung:

1. Die Butter mit dem Zucker und einer Prise Salz in eine Schüssel geben und schaumig rühren. Die Eier unter ständigem Rühren nach und nach einzeln dazugeben, bis eine schaumige Masse entstanden ist. Mehl und Backpulver vermischen und unter den Teig rühren. Zum Schluss die Milch dazugießen, zu einem glatten Teig verarbeiten und diesen zugedeckt 20 Minuten ruhen lassen.

2. Das Waffeleisen auf mittlere Temperatur vorheizen und beide Seiten mit etwas Öl einfetten. 2 bis 3 Esslöffel Waffelteig auf der unteren Backfläche verteilen. Das Waffeleisen schließen und leicht herunterdrücken. Nacheinander die Waffeln backen. Die Waffeln auf einem Gitter auskühlen lassen.

3. Die Mousse nach Packungsanweisung herstellen. Die Mandelblättchen in einer Pfanne ohne Fett rösten und auskühlen lassen. Nach der Ruhezeit der Mousse einen Becher Sahne aufschlagen und unter die Mousse ziehen. 2/3 der gerösteten Mandelblättchen unterrühren.

4. Eine Waffel mit etwas Mousse bestreichen, die nächste darauf setzen und so lange wiederholen, bis alle Waffeln zu einer Torte aufgetürmt sind. Die Torte mit Puderzucker und den restlichen Mandeln bestreuen und im Kühlschrank etwas ruhen lassen.

Die Torte aufschneiden und servieren.

Kokoswaffeln mit Raffaello-Sahne

Zutaten:

100 g Kokosflocken
100 g weiche Butter
150 g Mehl
1 Msp. Backpulver
150 ml Milch
120 g Zucker
1 Prise Salz
3 Eier
Öl zum Einfetten
400 g frische Himbeeren
250 g Schlagsahne
10 Raffaello-Kugeln

Zubereitung:

1. Die Kokosflocken in einer Pfanne ohne Fett goldbraun rösten.

2. In einer Schüssel die Butter mit Zucker und einer Prise Salz mit dem Mixer schaumig rühren. Unter ständigem Rühren nach und nach die Eier einzeln dazugeben, bis eine schaumige Masse entstanden ist. Mehl und Backpulver vermischen und unter den Teig rühren. Die Milch dazugießen und zu einem glatten Teig verarbeiten. Zum Schluss die gerösteten Kokosflocken unter den Teig mischen. Den Teig zugedeckt ruhen lassen.

3. Die Himbeeren putzen und abbrausen.

4. Die Sahne steif schlagen. Die Raffaello-Kugeln mit einer Gabel zerdrücken und mit den frischen Himbeeren vorsichtig unter die geschlagene Sahne ziehen.

5. Das Waffeleisen auf mittlere Temperatur vorheizen und beide Seiten mit etwas Öl einfetten.
2 bis 3 Esslöffel Waffelteig auf der unteren Backfläche verteilen. Das Waffeleisen schließen und leicht herunterdrücken. Nacheinander die Waffeln backen.

Die Raffaello-Sahne dazugeben und servieren.

Zimtwaffeln

Zutaten:

100 g weiche Butter, 200 g Mehl
200 ml Milch, 80 g Zucker
1 Prise Salz, 3 Eier
1 EL gemahlener Zimt
1 Päckchen Vanillezucker
Öl zum Einfetten
400 g TK-Heidelbeeren, 60 g Zucker
1 Orange (unbehandelt)
1 Zitrone (unbehandelt)
100 ml Wasser
1 Stück Zimtstange
1 TL Speisestärke

Zubereitung:

1. In einer Schüssel die Butter mit Vanillezucker und einer Prise Salz mit dem Mixer schaumig rühren.

2. Die Eier trennen, unter ständigem Rühren nach und nach das Eigelb dazugeben, bis eine schaumige Masse entstanden ist.

3. Mehl und Backpulver mit Zimt vermischen und unter den Teig rühren. Die Milch dazugießen und zu einem glatten Teig verarbeiten. Den Teig zugedeckt 20 Minuten ruhen lassen.

4. Von der Orange und der Zitrone die Schale abreiben und beiseite stellen, dann beide auspressen. Den Saft mit dem Wasser, der Zimtstange, dem Zucker und der Speisestärke in einen Topf geben und aufkochen lassen. Dann die Heidelbeeren dazugeben und beiseite stellen.

5. Das Eiweiß zu steifem Schnee schlagen. Den Zucker einrieseln lassen und weiterschlagen. Den Eischnee unter den Teig heben.

6. Das Waffeleisen auf mittlere Temperatur vorheizen und beide Seiten mit etwas Öl einfetten.
2 bis 3 Esslöffel Waffelteig auf der unteren Backfläche verteilen. Das Waffeleisen schließen und leicht herunterdrücken.

Nacheinander die Waffeln backen und mit dem Heidelbeerkompott servieren.

Milchreis-Waffeln

Zutaten:

2 Becher Milchreis à 200 g (Fertigprodukt)
3 Eier
80 g Mehl
50 g Zucker
1/2 TL Backpulver
1 Päckchen Vanillezucker
1 Prise Salz
1 Becher Rote Grütze

Zubereitung:

1. Den Milchreis mit den Eiern in einer Schüssel verrühren. Das Mehl, den Zucker, das Backpulver, den Vanillezucker und das Salz unter die Masse rühren. Je nach Beschaffenheit des Milchreises eventuell Zucker dazugeben.

2. Das Waffeleisen auf Backtemperatur bringen und nach und nach die Waffeln backen und warm stellen. Wenn alle Waffeln fertig sind, mit der Roten Grütze servieren.

Schokopops-Waffeln

Zutaten:

4 Eier
125 g Butter
50 g Zucker
4 EL Milch
70 g Schokopops
70 g Mehl
1 Prise Salz

Zubereitung:

1. Die Eier trennen. Die Butter mit dem Zucker schaumig rühren und das Eigelb nach und nach mit der Milch dazugeben. Dann das Mehl und das Salz unter den Teig rühren.

2. Die Schokopops in den Teig einarbeiten und ca. 30 Minuten ziehen lassen. Das Eiweiß zu steifem Eischnee schlagen und vorsichtig unter den Teig heben.

3. Das Waffeleisen auf Backtemperatur bringen und die Waffeln backen. Die warmen Waffeln auf Tellern anrichten und mit einem Schuss Baileys servieren.

Apfelwaffeln mit glasierten Apfelscheiben

Zutaten:

50 g weiche Butter
200 g Mehl
1/2 TL Backpulver
3 EL Crème fraîche
100 g Zucker, 1 Prise Salz
3 Eier, 250 g Äpfel
50 g gemahlene Mandeln oder Haselnüsse
Öl zum Einfetten
2 Äpfel, 1 EL Butter
2 EL brauner Zucker
Saft einer Orange

Zubereitung:

1. Die Äpfel schälen und grob raspeln.

2. Die Butter mit Zucker und einer Prise Salz in eine Schüssel geben und mit dem Mixer schaumig rühren.

3. Unter ständigem Rühren nach und nach die Eier einzeln dazugeben, bis eine schaumige Masse entstanden ist. Die Apfelraspel und die Crème fraîche unterrühren.

4. Mehl und Backpulver vermischen und zusammen mit den Nüssen unter den Teig heben. Den Teig zugedeckt ruhen lassen.

5. Das Waffeleisen auf mittlere Temperatur vorheizen und beide Seiten mit etwas Öl einfetten.
2 bis 3 Esslöffel Waffelteig auf der unteren Backfläche verteilen. Das Waffeleisen schließen und leicht herunterdrücken. Nacheinander die Waffeln backen.

6. Die zwei Äpfel waschen, achteln und das Kerngehäuse entfernen.

7. Die Butter in einer Pfanne erhitzen und den Zucker einrühren, bis er geschmolzen ist. Die Äpfel dazugeben und kurz braten. Zu den Waffeln servieren.

Weißwein-Waffeln

Zutaten:

Für die Waffeln:
65 g Butter
65 g Zucker
1 Päckchen Vanillezucker
5 Eier
160 g Mehl
1 EL süße Sahne
1/8 l lieblichen Weißwein
1 Prise Salz

Für die Weincreme:
4 Eigelb
4 EL Vanillezucker
250 ml trockener Weißwein
4 Blatt Gelatine

Zubereitung:

1. Die Gelatineblätter in kaltem Wasser einweichen. Das Eigelb mit dem Zucker in einer Schüssel schaumig schlagen. Die Schüssel mit der Eimasse in ein heißes, nicht kochendes Wasserbad stellen und unter ständigem Rühren langsam den Wein zugeben. Die Gelatineblätter ausdrücken und in die Creme geben und so lange rühren, bis sich die Blätter aufgelöst haben und die Creme anzieht. In den Kühlschrank stellen, bis die Creme fest geworden ist.

2. Die Eier trennen, die Butter mit dem Zucker und dem Vanillezucker schaumig rühren und das Eigelb nach und nach dazugeben. Dann das Mehl, die Sahne, den Wein und das Salz unterrühren und zu einem glatten Teig verarbeiten.

3. Das Eiweiß zu steifem Eischnee schlagen und dann vorsichtig unter den Teig heben.

4. Das Waffeleisen auf Backtemperatur bringen, die Waffeln backen und mit der Weincreme zusammen servieren.

Hafermehlwaffeln mit Rübenkraut

Zutaten:

125 g Butter
4 Eier
100 g Mehl
170 g Hafermehl
350 ml Möhrensaft
1/2 TL gemahlener Anis
1/2 TL Zimt
1 Päckchen Vanillezucker
2 EL Rübenkrautsirup

Zubereitung:

1. Die Butter schaumig rühren. Das Mehl mit dem Anis, dem Zimt und dem Vanillezucker vermischen und mit den Eiern, dem Sirup und dem Möhrensaft nach und nach zur Butter geben und zu einem glatten Teig verrühren.

2. Das Waffeleisen auf Backtemperatur bringen und die Waffeln backen.

Rübenkraut über die Waffeln geben und servieren.

Mohnwaffeln mit glasierten Weintrauben

Zutaten:

Für die Waffeln:
100 g weiche Butter
150 g Mehl, 1 Msp. Backpulver
150 ml Milch, 120 g Zucker
1 Prise Salz, 3 Eier
50 g gemahlener Mohn
Öl zum Einfetten

Für die glasierten Weintrauben:
250 g Weintrauben, 50 g Zucker
1 EL Zitronensaft
1 EL Grappa
1 EL brauner Zucker

Zubereitung:

1. Die Butter mit dem Zucker und einer Prise Salz in eine Schüssel geben und mit dem Mixer schaumig rühren. Unter ständigem Rühren nach und nach die Eier einzeln dazugeben, bis eine schaumige Masse entstanden ist.

2. Mehl und Backpulver vermischen und unter den Teig rühren. Die Milch dazugießen und mit dem Mixer zu einem glatten Teig verarbeiten. Zum Schluss den gemahlenen Mohn unter den Teig mischen. Den Teig zugedeckt ruhen lassen.

3. Die Weintrauben waschen und trockenschütteln, größere Weintrauben halbieren.

4. Den Zucker in eine beschichtete Pfanne geben und schmelzen lassen. Die Weintrauben dazugeben und ca. 3 Minuten dünsten. Den Zitronensaft darüber gießen und mit dem Grappa ablöschen. Die glasierten Weintrauben in kleine Schüsseln füllen.

5. Das Waffeleisen auf mittlere Temperatur vorheizen und beide Seiten mit etwas Öl einfetten.
2 bis 3 Esslöffel Waffelteig auf der unteren Backfläche verteilen. Das Waffeleisen schließen und leicht herunterdrücken.

Die Waffeln backen und mit den Weintrauben servieren.

Geflammte Waffeln

Zutaten:

6 Eier
6 EL Zucker
6 EL süße Sahne
6 EL Mehl
1 Msp. Backpulver
1 EL Rum

Für den Belag:
4 Eier
1 Dose Früchte (oder frische Früchte: Birnen, Mandarinen, Pfirsiche usw.)
120 g Zucker
1 Prise Salz

Zubereitung:

1. Die Eier trennen und das Eigelb mit dem Zucker schaumig rühren. Das Backpulver mit dem Mehl vermischen und dann mit der Sahne abwechselnd zur Eimasse geben. Den Rum in den Teig einrühren.

2. Das Eiweiß zu steifem Eischnee schlagen und vorsichtig unter den Teig heben.

3. Das Waffeleisen auf Backtemperatur bringen und die Waffeln backen (viereckige Waffeln).

4. Für den Belag die Eier trennen und das Eiweiß mit dem Zucker und dem Salz zu steifem Eischnee schlagen.

5. Den Backofen auf 250° C vorheizen. Die Früchte auf den Waffeln verteilen (größere Früchte in Spalten schneiden). Den Eischnee darüber geben und im Backofen auf der untersten Schiene ca. 2 Minuten backen, bis der Eischnee leicht braun ist. Achtung, verbrennt sehr leicht!

Karotten-Waffeln

Zutaten:

300 g fein geriebene Karotten
100 g Butter
6 Eier
150 g Zucker
1/4 l süße Sahne
150 g Mehl
50 g gemahlene Mandeln

Zubereitung:

1. Die Butter mit dem Zucker schaumig rühren. Die Eier trennen und das Eigelb nach und nach mit der Butter vermischen. Das Mehl, die Mandeln und die Sahne abwechselnd dazugeben.

2. Das Eiweiß zu steifem Schnee schlagen und unter den Teig heben.

3. Die Karotten putzen, fein raspeln und unter den Teig heben.

4. Das Waffeleisen auf Temperatur bringen und die Waffeln backen.

Die Waffeln entweder mit Puderzucker bestäuben oder mit Schokolade übergießen.

Zitronenwaffeln mit exotischen Früchten

Zutaten:

100 g weiche Butter
150 g Mehl
1 Msp. Backpulver
150 ml Milch
120 g Zucker
1 Prise Salz
3 Eier
1 unbehandelte Zitrone
Öl zum Einfetten
1 Becher süße Sahne
1 EL Zucker
1 Granatapfel
1 Mango
1 Korb Physalis

Zubereitung:

1. Die Butter mit dem Zucker und einer Prise Salz in eine Schüssel geben und schaumig rühren. Die Eier unter ständigem Rühren nach und nach einzeln dazugeben, bis eine schaumige Masse entstanden ist.

2. Die Schale der Zitrone dünn abreiben und die Zitrone auspressen. Schale und Saft zum Teig geben. Mehl und Backpulver vermischen und ebenfalls unter den Teig rühren. Zum Schluss die Milch dazugießen, mit dem Mixer zu einem glatten Teig verarbeiten und zugedeckt ruhen lassen.

3. Das Waffeleisen auf mittlere Temperatur vorheizen und beide Seiten mit etwas Öl einfetten. 2 bis 3 Esslöffel Waffelteig auf der unteren Backfläche verteilen. Das Waffeleisen schließen und leicht herunterdrücken. Nacheinander die Waffeln backen.

4. Den Granatapfel halbieren und die Kerne und den Saft in einer Schüssel auffangen. Die Mango schälen, ca. 15 dünne Spalten zur Dekoration beiseite legen und den Rest in kleine Würfel schneiden.

5. Die Sahne mit dem Zucker in eine Rührschüssel geben und steif schlagen. Dann die Früchte unterheben.

Die Waffeln auf Tellern anrichten, die Fruchtsahne zugeben und servieren.

Vollkorn-Waffeln

Zutaten:

125 g Butter
3 Eier
150 g feiner Roggenschrot
50 g Weizenmehl Type 1050
1 TL Backpulver
300 ml Milch
1 Prise Salz
50 g Zucker
2 EL Ahornsirup

Zubereitung:

1. Die Butter schmelzen und etwas abkühlen lassen, sie sollte noch lauwarm sein.

2. Das Mehl in eine Schüssel geben und mit dem Backpulver, dem Zucker und dem Salz vermischen. Dann die Eier, die Milch, den Sirup und die Butter zum Mehl geben und alles zu einem dickflüssigen Teig verrühren. Den Teig ca. 20 Minuten ruhen lassen.

3. Das Waffeleisen auf Backtemperatur bringen und die Waffeln backen.

Mit Ahornsirup servieren.

Quark-Waffeln

Zutaten:

125 g Quark
60 g Butter
50 g Zucker
150 g Mehl
100 ml Milch
3 Eier
1 Zitrone (Schale)

Für die Füllung:
250 g Quark
50 g Puderzucker
1 Zitrone (Saft)
1 Päckchen gehackte Pistazien

Zubereitung:

1. Die Butter schmelzen und mit dem Quark verrühren. Die Zitrone abreiben und die Schale und den Zucker zum Quark geben.

2. Die Eier trennen und das Eigelb abwechselnd mit der Milch und dem Mehl unter den Quark rühren.

3. Das Eiweiß zu steifem Eischnee schlagen und vorsichtig unter den Teig heben.

4. Das Waffeleisen auf Temperatur bringen und die Waffeln backen. Auf einem Gitter auskühlen lassen und dann zerteilen.

5. Den Quark für die Füllung mit dem Zucker, dem Zitronensaft und einem Teil der gehackten Pistazien vermischen, abschmecken und gegebenenfalls nachsüßen.

6. Ein Drittel der Quarkfülle in einen Spritzbeutel geben. Den restlichen Quark auf die Hälfte der Waffelherzen verteilen, die restlichen Waffelherzen darauf setzen und mit der Quarkfülle aus dem Spritzbeutel verzieren. Mit den restlichen gehackten Pistazien bestreuen.

Kürbiswaffeln mit glasierten Apfelspalten

Zutaten:

300 g fein geriebener Kürbis
125 g weiche Butter
6 Eigelbe
150 g Zucker
Saft von 1 Orange
6 Eiweiß
1/4 l süße Sahne
200 g Mehl
Öl zum Einfetten

Für die Apfelspalten:
2 Äpfel
1 EL Butter
2 EL brauner Zucker
Saft von 1 Orange

Zubereitung:

1. Den Kürbis fein raspeln und in kochendem Wasser kurz blanchieren, gut ausdrücken und mit dem Orangensaft vermischen.

2. Die Butter mit den Eigelben und dem Zucker verrühren. Das Mehl und die Sahne langsam dazugeben. Das Eiweiß schlagen, bis es ganz fest ist, und unter den Teig heben. Den Teig etwas ruhen lassen.

3. Die Kürbisraspel unterheben, das Waffeleisen vorheizen und einölen. Jeweils 2 Esslöffel Teig auf das Waffeleisen geben und die Waffeln nacheinander goldbraun ausbacken.

4. Die Äpfel entkernen und in Spalten schneiden. Die Butter in einer Pfanne erhitzen und den Zucker darin karamellisieren lassen. Mit dem Orangensaft ablöschen. Die Apfelspalten einlegen und mehrmals wenden.

Die Apfelspalten auf die Waffeln legen und warm servieren.

Brüsseler Waffeln

Zutaten:

225 g Mehl
1 TL trockene Hefe
5 EL Zucker
1 Prise Salz
1/2 l Milch
1 Ei
1 Vanilleschote
50 g Butter

Zubereitung:

1. Das Mehl mit dem Zucker, dem Salz, der trockenen Hefe und dem Mark der Vanilleschote vermischen.

2. Die Butter schmelzen und die Milch erwärmen.

3. Das Ei trennen und das Eigelb, die lauwarme Milch und die Butter mit dem Mehl zu einem dickflüssigen, glatten Teig verrühren. Anschließend den Teig im Warmen ca. 60 Minuten zugedeckt gehen lassen.

4. Das Eiweiß steif schlagen und unter den Teig heben.

5. Das Waffeleisen auf Backtemperatur vorheizen und die Waffeln backen.

Servieren Sie diese Waffeln mit verschiedenen süßen Saucen, z. B. eine Mischung aus Bitterorangenmarmelade und Cointreau.

Schinken-Waffeln

Zutaten:

150 g geräucherter Schinken
3 Eier
125 ml Milch
125 ml süße Sahne
250 g Mehl
1/2 Teelöffel Backpulver
1 Prise Salz
Pfeffer

Zubereitung:

1. Den Schinken in feine Würfel schneiden.

2. Die Eier mit der Milch und der Sahne verquirlen. Dann löffelweise Mehl, Backpulver, Pfeffer und Salz in die Masse einrühren, bis ein glatter Teig entsteht.

3. Die Schinkenwürfel unter den Teig heben und gut verrühren.

4. Das Waffeleisen auf Temperatur bringen und die Waffeln backen.

Diese Waffeln sind eine leckere Knabberei zum Feierabend.

BORDEAUX SUPÉRIEUR
PRODUIT DE FRANCE

Chili-Waffeln

Zutaten:

125 g Butter
1/2 TL Salz
Pfeffer
4 Eier
200 g Maismehl
100 g Stärkemehl
1/2 TL Backpulver
150 ml Milch
4 Chilischoten

Zubereitung:

1. Die Butter mit dem Salz schaumig rühren, die Eier dazugeben und gut vermischen.

2. Das Stärkemehl, das Maismehl und das Backpulver miteinander vermengen. Nach und nach die Mehlmischung und die Milch zur Butter-Eier-Mischung geben.

3. Die Chilischoten aufschneiden, die Kerne entfernen, das Fruchtfleisch fein hacken und unter den Teig heben.

4. Das Waffeleisen auf Temperatur bringen und die Waffeln backen.

Mit Chili-Fleischsauce servieren, schmeckt aber auch hervorragend als Knabbergebäck.

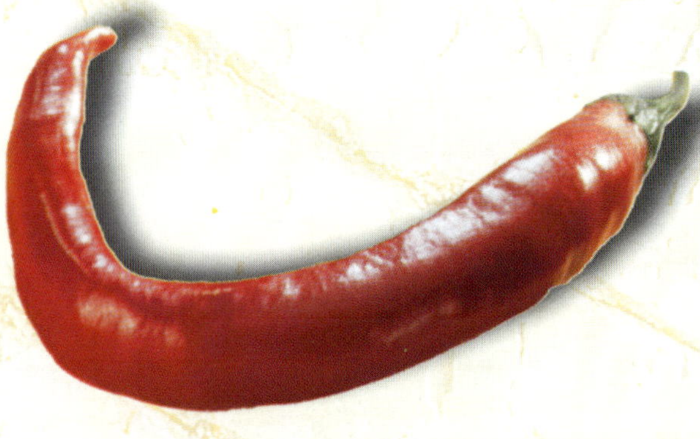

Herzhafte Käsewaffeln

Zutaten:

100 g Schweineschmalz
4 Eier
Salz
Pfeffer
1 TL Sambal Oelek
200 g Mehl
1/2 TL Backpulver
50 ml lauwarmes Wasser
100 g würziger Käse

Zubereitung:

1. Das Schweineschmalz, die Eier und das Sambal Oelek miteinander vermischen und mit Salz und Pfeffer abschmecken.

2. Das Mehl mit dem Backpulver vermischen und abwechselnd mit dem Wasser in die Schmalzmasse rühren.

3. Den Käse fein reiben und unter den Teig heben.

4. Das Waffeleisen auf Temperatur bringen und die Waffeln backen.

Mit einem Klecks Crème fraîche verzieren.

Oliven-Kräuter-Waffeln

Zutaten:

70 ml Olivenöl
4 Eier
100 g Stärkemehl
100 g Mehl
70 ml Milch
70 ml süße Sahne
1/2 TL Salz
1 TL Backpulver
4 Knoblauchzehen
50 g Oliven entsteint
3 EL gemischte Kräuter

Zubereitung:

1. Das Mehl, die Stärke, das Backpulver und das Salz miteinander vermischen.

2. Das Olivenöl und die Eier vermischen. Löffelweise die Mehlmischung, die Milch und die Sahne unter die Masse rühren, bis sie glatt ist.

3. Die Oliven grob hacken. Die Kräuter abbrausen und hacken. Die Knoblauchzehen schälen und fein hacken. Alles unter den Teig heben.

4. Das Waffeleisen auf Temperatur bringen und die Waffeln backen.

Diese Waffeln schmecken gut zu allen italienischen Salaten, zu Meeresfrüchten und zu Käse.

Mediterrane Waffeln

Zutaten:

100 g Butter
4 Eier
100 g Stärkemehl
100 g Mehl
100 ml Milch
100 ml süße Sahne
1/2 TL Salz
1 TL Backpulver
4 Knoblauchzehen
50 g Pinienkerne
3 EL Basilikum

Zubereitung:

1. Das Mehl, die Stärke, das Backpulver und das Salz miteinander vermischen.

2. Die Butter schaumig rühren und dann nach und nach die Eier dazugeben. Löffelweise die Mehlmischung, die Milch und die Sahne unter die Masse rühren, bis sie glatt ist.

3. Die Pinienkerne in einer Pfanne anrösten und hacken. Das Basilikum abbrausen und hacken. Die Knoblauchzehen schälen und fein hacken. Alles unter den Teig heben.

4. Das Waffeleisen auf Temperatur bringen und die Waffeln backen.

Passt hervorragend zu gemischten Vorspeisen.

Möggerser-Waffeln

Zutaten:

100 g Schweineschmalz
4 Eier
Salz
Pfeffer
200 g Mehl
1/2 TL Backpulver
50 ml lauwarmes Pilzwasser
20 g getrocknete Steinpilze

Zubereitung:

1. Die Pilze in heißem Wasser ca. 1 Stunde einweichen und abschütten. Ca. 50 ml vom Pilzwasser auffangen. Die Pilze fein hacken.

2. Das Schweineschmalz, die Eier und die Pilze miteinander vermischen und mit Salz und Pfeffer abschmecken.

3. Das Mehl mit dem Backpulver vermischen und abwechselnd mit dem Wasser in die Schmalzmasse einrühren.

4. Das Waffeleisen auf Temperatur bringen und die Waffeln backen.

Mit Kräuter-Frischkäse servieren – ein Genuss!

Meerrettich-Waffeln mit Räucherlachs

Zutaten:

100 g weiche Butter
150 g Mehl
1 Msp. Backpulver
150 ml Milch
20 g Zucker
1 Prise Salz
Öl zum Einfetten
4 EL Sahnemeerrettich
3 Eier
1 Packung Räucherlachs
4 EL Sahnemeerrettich zum Garnieren

Zubereitung:

1. Die Butter mit dem Zucker und einer Prise Salz in eine Schüssel geben und schaumig rühren. Die Eier unter ständigem Rühren nach und nach einzeln dazugeben, bis eine schaumige Masse entstanden ist. Mehl und Backpulver vermischen und mit dem Sahnemeerrettich unter den Teig rühren. Zum Schluss die Milch dazugießen, zu einem glatten Teig verarbeiten und zugedeckt ca. 20 Minuten ruhen lassen.

2. Das Waffeleisen auf mittlere Temperatur vorheizen und beide Seiten mit etwas Öl einfetten. 2 bis 3 Esslöffel Waffelteig auf der unteren Backfläche verteilen. Das Waffeleisen schließen und leicht herunterdrücken. Nacheinander die Waffeln backen.

3. Die Waffeln auf Tellern verteilen, den Lachs dazugeben und je einen Esslöffel Sahnemeerrettich auf den Lachs setzen.

Hörnchen mit Fruchtfülle

Zutaten:

150 g Butter
150 g Zucker
1 Päckchen Vanillezucker
4 Eier
250 g Mehl
125 ml lauwarmes Wasser
100 g gemahlene Mandeln
1 EL Rum

Zubereitung:

1. Die Butter, den Zucker und den Vanillezucker schaumig rühren. Die Eier zugeben und abwechselnd Mehl und Wasser darunter rühren, bis ein flüssiger Teig entstanden ist.

2. Die Mandeln und den Rum in den Teig einrühren.

3. Den Oblateneinsatz in das Waffeleisen geben, auf die richtige Temperatur erhitzen und den Teig mit einem Löffel auf dem Einsatz verteilen. Den Deckel schließen. Wenn die Oblaten fertig sind, noch auf dem heißen Eisen zu Hörnchen formen und in einem Glaskelch abstellen.

Sie können diese Hörnchen nur mit Früchten oder mit einer Sahne-Fruchtmischung füllen.

Anis-Röllchen mit Kaffeesahne

Zutaten:

80 g Butter
100 g Zucker
1 EL gemahlener Anis
3 Eier
1 Prise Salz
200 g Mehl
125 ml Wasser
250 ml süße Sahne
2 EL löslicher Kaffee

Zubereitung:

1. Die Butter, den Zucker, das Salz und den Anis schaumig rühren.

2. Die Eier trennen und das Eigelb zur Buttermasse geben. Das Mehl abwechselnd mit dem Wasser unter die Masse rühren.

3. Das Eiweiß zu steifem Eischnee schlagen und unter den Teig ziehen.

4. Den Oblateneinsatz in das Waffeleisen geben, auf die richtige Temperatur erhitzen und den Teig mit einem Löffel auf dem Einsatz verteilen. Den Deckel schließen. Wenn die Oblaten fertig sind, noch auf dem heißen Eisen zu Röllchen formen.

5. Die Sahne zusammen mit dem löslichen Kaffee steif schlagen und die Röllchen vor dem Servieren damit füllen.

Waffelkörbchen mit Maissalat

Zutaten:

150 g Butter
20 g Zucker
4 Eier
250 g Mehl
100 g Stärkemehl
125 ml lauwarmes Wasser
100 g ungesalzene Erdnüsse
150 g Graved Lachs
1 rote Paprikaschote
300 g Mais
2 EL gemischte Kräuter
Salz
Pfeffer

Zubereitung:

1. Die Erdnüsse mahlen. Die Butter mit dem Zucker schaumig rühren. Die Eier dazugeben und abwechselnd Mehl, Stärkemehl, Erdnüsse und Wasser darunter rühren, bis ein flüssiger Teig entstanden ist. Mit Salz und Pfeffer abschmecken.

2. Die Paprikaschote waschen, entkernen und in Würfel schneiden. Den Mais abschütten und mit den Paprikastückchen vermischen, die Kräuter dazugeben und mit Salz und Pfeffer abschmecken. Den Lachs in Stücke schneiden und unter den Salat geben.

3. Den Oblateneinsatz in das Waffeleisen geben, auf die richtige Temperatur erhitzen und den Teig mit einem Löffel auf dem Einsatz verteilen. Den Deckel schließen. Wenn die Oblaten fertig sind, sofort in eine kleine passende Schüssel drücken, so dass ein Körbchen entsteht. Nach zwei Minuten können Sie das Körbchen herausnehmen und auskühlen lassen.

4. Den Salat in die Waffelkörbchen füllen und mit der Sauce, die beim Lachs dabei ist, beträufeln.

Ratgeber Crêpes

Crêpes – ein Pfannkuchen erobert die Welt

Die kleinen, leckeren Eierpfannkuchen eignen sich sowohl für herzhafte wie auch für süße Füllungen.
Als Hauptspeise mit außergewöhnlichen Füllungen oder im Ofen überbacken sind diese Eierkuchen ein richtiger Genuss. Und flambiert zum Dessert sind sie der krönende Abschluss.

Grenzenlos kreativ

Für kreative Köchinnen und Köche sind Crêpes die idealen Grundlagen für fantasievolle Gerichte. Sowohl Erwachsene als auch Kinder kann man mit diesen Pfannkuchen begeistern. Aber auch nur mit Nuss-Nugat-Creme bestrichen sind sie ein einfaches, aber überzeugendes Gericht.

So gelingen sie immer!

Der Crêpes-Teig sollte immer flüssig sein. Wenn er andickt, kann man ihn mit Milch, Sahne oder Eiern wieder geschmeidig machen. Der Teig muss ca. 30 Minuten ruhen, damit das Mehl ausquillt. Crêpes lassen sich am besten in einer beschichteten Pfanne zubereiten. Die Pfanne sollte nicht zu groß sein, ein Durchmesser von 17 bis 18 cm ist ideal. Die Temperatur darf nicht zu heiß sein. Wenn der Teig auf der oberen Seite nicht mehr flüssig ist, wird das Crêpe gewendet.

Der Crêpes-Teig ist ein dünnflüssiger Teig, der in der Pfanne gut verläuft.

Geben Sie 40 ml Teig in eine mäßig heiße Pfanne und lassen Sie den Teig durch Schwenken der Pfanne verlaufen.

Wenn der Teig an der Oberseite zu stocken beginnt (kleine Blasen hat), wird das Crêpe gewendet.

Mit einem Pfannenwender das Crêpe umdrehen und von der anderen Seite backen.

Crêpes mit Ingwer-Kirschen

Zutaten:

Für die Crêpes:
80 g Butter
150 g Mehl
300 ml Milch
2 Eier
Salz
1 Zitrone
40 g Zucker

Für die Kirschen:
20 g Ingwer
1 Glas Sauerkirschen
1 EL Speisestärke
2 EL Ahornsirup
1 Packung Vanillezucker
Zucker

Zubereitung:

1. Die Butter zerlassen. Die Milch und das Mehl mit einem Schneebesen verrühren und die Butter dazugeben. Die Eier aufschlagen und mit dem Salz, dem Zucker und der Zitronenschale unter den Teig rühren. Den Teig ca. 30 Minuten ruhen lassen.

2. Den Ingwer schälen und fein hacken. Die Zitrone abreiben und für die Crêpes auf die Seite stellen. Die Zitrone auspressen und den Saft auffangen.

3. Die Sauerkirschen abschütten, den Saft auffangen und in einem Topf erhitzen. Die Stärke mit dem Zitronensaft vermischen und mit dem Ingwer, dem Ahornsirup und dem Vanillezucker zum Saft dazugeben und aufkochen. Wenn der Kirschsaft eingedickt ist, mit Zucker abschmecken. Die Kirschen dazugeben.

4. Eine beschichtete Pfanne mäßig erhitzen und dünne Crêpes backen.

Flambierte Hafer-Crêpes

Zutaten:

50 g Butter
170 g Haferkleie
400 ml Milch
4 Eier
2 EL Zucker
1 Prise Salz

Für die Füllung:
1 kleines Glas Bitterorangen-Marmelade
Puderzucker
50 ml Whisky

Zubereitung:

1. Die Butter zerlassen und mit der Haferkleie, dem Zucker, dem Salz, den aufgeschlagenen Eiern und der Milch zu einem dünnflüssigen Teig verrühren. Den Teig ca. 30 Minuten ruhen lassen.

2. Eine beschichtete Pfanne mäßig erhitzen und dünne Crêpes ausbacken.

3. Die Crêpes mit der Orangenmarmelade dünn bestreichen und zusammenrollen. Nebeneinander auf einer Platte anrichten und mit Puderzucker bestreuen. Den Whisky erhitzen, kurz vor dem Servieren über die Crêpes gießen und flambieren.

FINE OLD ORIGINAL
SPECIALLY SELECTED AND MATURED
12 YRS OLD DE LUXE SCOTCH WHISKY
BLENDED AND BOTTLED IN SCOTLAND
Dimple

Quark-Crêpes

Zutaten:

Für die Crêpes:
40 g Butter
100 g Mehl
60 ml Milch
40 ml süße Sahne
3 Eier, Salz, 1 Zitrone

Für den Quark:
150 g getrocknete Aprikosen
50 ml Obstler, 250 g Quark
Zucker, 1 Vanilleschote
Butter, Puderzucker

Zubereitung:

1. Die Aprikosen in Streifen schneiden, auf einen Teller geben, mit dem Obstler vermischen und etwas ziehen lassen.

2. Die Butter zerlassen. Die Milch, die Sahne und das Mehl mit einem Schneebesen verrühren und die Butter dazugeben. Die Eier aufschlagen und mit dem Salz und dem Zucker unter den Teig rühren. Die Schale der Zitrone abreiben und unter den Teig mischen. Ca. 30 Minuten ruhen lassen.

3. Den Quark in eine Schüssel geben. Die Vanilleschote aufschneiden und das Mark mit einem Messer herauskratzen. Das Vanillemark und die marinierten Aprikosen in den Quark einrühren. Mit Zucker abschmecken.

4. Eine beschichtete Pfanne mäßig erhitzen und dünne Crêpes backen.

5. Eine Auflaufform ausbuttern. Die Crêpes mit der Quarkmasse füllen, in die Auflaufform legen und mit Puderzucker dick bestäuben.

6. Den Backofen auf 250° C vorheizen. Die Crêpes in der Auflaufform in den Ofen geben, bis der Zucker karamellisiert ist.

Die Crêpes-Rollen aufschneiden und auf Tellern anrichten.

Crêpes mit Pilzen

Zutaten:

50 g Butter
75 g Kichererbsenmehl
75 g Weizenmehl
3 Eier
250 ml Milch
1 TL mittelscharfer Senf
Salz, Pfeffer
Muskatnuss

Für die Füllung:
150 g geräucherter Speck
1 kleine Zwiebel
1 Dose Waldpilze oder frische Pilze
2 EL Crème fraîche
1 EL Petersilie TK
Muskatnuss, Salz, Pfeffer

Zubereitung:

1. Die Butter zerlassen. Die Milch, das Kichererbsenmehl und das Weizenmehl mit dem Schneebesen verrühren und die Butter dazugeben. Die Eier aufschlagen und mit Salz, Pfeffer, Muskatnuss und dem Senf unter den Teig rühren. Ca. 30 Minuten ruhen lassen.

2. Die Zwiebel schälen und fein hacken. Den Speck fein würfeln. Die Pilze abschütten und gut abtropfen lassen.

3. Den Speck anbraten und die Zwiebeln dazugeben, bis sie glasig sind. Die Pilze zum Speck geben und ebenfalls andünsten. Die Crème fraîche und die Petersilie unterrühren und mit Salz, Pfeffer und Muskatnuss abschmecken.

4. Eine beschichtete Pfanne mäßig erhitzen und dünne Crêpes backen.

Die fertigen Crêpes mit den Pilzen füllen, zusammenlegen und servieren.

1999

Crêpes mit Karottengemüse

Zutaten:

Für die Crêpes:
80 g Butter
150 g Mehl
300 ml Milch, 2 Eier
2 EL gemischte TK-Kräuter
Salz, Pfeffer

Für die Füllung:
250 g Karotten
2 EL ÖL
Salz, Pfeffer
1 Prise gemahlener Koriander
3 Orangen
125 g Crème fraîche
1 EL Cointreau
1 Bund Petersilie
Zucker

Zubereitung:

1. Die Butter zerlassen. Milch und Mehl mit einem Schneebesen verrühren und die Butter dazugeben. Die Eier aufschlagen und mit dem Salz, dem Pfeffer und den Kräutern unter den Teig rühren. Ca. 30 Minuten ruhen lassen.

2. Die Karotten schälen und in dünne Scheiben schneiden. Die Petersilie abbrausen, trockenschütteln und grob hacken. Die Orangen filetieren und den Saft auffangen.

3. Das Öl in einem Topf erhitzen, die Karotten dazugeben, mit 50 ml Wasser ablöschen und ca. fünf Minuten weich dünsten. Die Crème fraîche einrühren, die Orangenfilets, den Orangensaft und die Petersilie dazugeben. Zum Schluss die Sauce mit Salz, Pfeffer, Cointreau, Zucker und Koriander abschmecken.

4. Eine beschichtete Pfanne mäßig erhitzen und dünne Crêpes backen. Die fertigen Crêpes mit dem Karottengemüse servieren.

Crêpes mit Krabben und Fischkaviar

Zutaten:

Für die Crêpes:
40 g Butter
100 g Weizenmehl
1 EL Speisestärke
3 Eier
125 ml Milch
50 ml süße Sahne
Salz
1 Prise Muskat

Für die Füllung:
3 EL Majonäse
150 g Krabben
1 kleines Glas Forellenkaviar
einige Salatblätter

Zubereitung:

1. Die Butter schmelzen. Das Mehl mit der Speisestärke, dem Salz und dem Muskat vermischen. Die Eier aufschlagen und mit der Butter, der Mehlmischung, der Sahne und der Milch zu einem dünnflüssigen Teig verrühren. Ca. 30 Minuten ruhen lassen.

2. Den Salat waschen und in feine Streifen schneiden.

3. Eine beschichtete Pfanne mäßig erhitzen und dünne Crêpes backen.

4. Die Crêpes mit der Majonäse bestreichen, den Salat und die Krabben darauf verteilen und mit dem Forellenkaviar garnieren.

PROSECCO